C'est la faute
à Édouard

Tony Ross

C'est la faute
à Édouard

Seuil

COLLECTION DIRIGÉE PAR NICOLE VIMARD

Titre original : *Oscar Got the Blame.*

© 1987 Tony Ross pour le texte et les illustrations.
© 1982 Andersen Press Ltd., 20 Vauxhall Bridge Rd.,
London SW1V 2SA, Angleterre, pour l'édition originale.
© Octobre 1987 Éditions du Seuil, pour la traduction française.
Tous droits réservés.

ISBN 1ʳᵉ publication 2-02-009799-0
ISBN pour reprise en poche 2-02-014663-0

À Katy
et à Mandy, son amie invisible,
qui ont barbouillé les pages
de garde de ce livre.

« Bonjour ! Je m'appelle Édouard. »

« Et lui, c'est mon pote Yannick.
Mon père et ma mère sont persuadés
que Yannick n'existe pas. »

« Chaque fois que je parle de Yannick,
mon père et ma mère me disent :
"Ne fais pas l'idiot !" »

« Et pourtant, Yannick et moi,
on est des vrais potes. »

« On ne se lâche pas du jour
et de la nuit. »

De temps en temps,
Édouard donne son assiette à Yannick...

« Tu vas manger ça tout seul »,
lui dit aussitôt Maman.

Chaque fois que Yannick laisse
des traces de boue dans la maison…

… c'est la faute à Édouard.

Chaque fois que Yannick
habille le chien
avec les vêtements de Papa…

... c'est la faute à Édouard.

Chaque fois que Yannick glisse
des grenouilles
dans les pantoufles de Mamy…

… c'est la faute à Édouard.

Chaque fois que Yannick
prépare le petit déjeuner…

... c'est la faute à Édouard.

Chaque fois que Yannick lave le chat…

... c'est la faute à Édouard.

Et le jour où Yannick laisse couler
les robinets de la salle de bains…

... c'est la faute à Édouard.

Ce jour-là, on l'envoya se coucher
sans lui raconter d'histoire.

« C'est pas juste ! dit Édouard.
Personne ne croit à mon pote Yannick. »

« Non, personne ne croit à moi ! »
lui répondit Yannick son pote.

Dans la même collection

Le Bébé
École Freinet

L'Éléphant d'Onésime
Marilyn Sadler et Roger Bollen

Cochon, Cochon et Cie
Tony Ross

Un chat bien tranquille
Michael Foreman

Je le déteste, mon nounours
David McKee

La Planète d'Arthur
Satoshi Kitamura

Gare au vétérinaire
Babette Cole

L'Histoire de Titi la Terreur
Jeanne Willis et Margaret Chamberlain

Dans la collection
« Petit Point 7 ans »

Dans la collection
« Petit Point 10 ans »

C'est quoi l'intelligence ?
Albert Jacquard
Entretiens imaginés
par Marie-José Auderset

Moi, je viens d'où ?
Albert Jacquard
Entretiens imaginés
par Marie-José Auderset

Cris d'Europe
Pierre Gay
Agnès Rosenstiehl

Les Enfants d'Izieu
(Au malheur de mes onze ans)
Rolande Causse

La Nuit des fantômes
Julien Green

Les Leçons du nourrisson savant
David Beauchard
Jeanne Van Den Brouck

MAQUETTE : SARA VIMARD

PHOTOGRAVURE : CHARENTE PHOTOGRAVURE
IMPRESSION : IMPRIMERIE JOMBART
D.L. MARS 1992. N° 14663 (2655)